MAN
FLÜ
das Glück
GANZ LEISE:
Du bist dran.
AF217171

STELL DIR VOR,
DIE ZUKUNFT
WIRD WUNDERBAR
UND DU BIST
SCHULD.

GIEßE
deine Träume
UND BRINGE SIE
ZUM BLÜHEN.

Es ruckelt immer ein bisschen, wenn das Leben in den nächsten Gang schaltet.

ES GIBT KEINEN WEG ZUM GLÜCK.
GLÜCKLICH SEIN IST DER WEG.
BUDDHA

Perfekt ist das
Leben nie.
Aber es gibt Menschen,
die es perfekt machen.

„Lach“,
sagte sie,
UND TAT ES
EINFACH.

ICH FREUE MICH,

WENN ES REGNET.
DENN WENN ICH MICH
NICHT FREUE,
REGNET ES AUCH.

KARL VALENTIN

Die besten Menschen
PASSIEREN UNERWARTET.

WER ODER WAS
FÜR DICH
BESTIMMT IST,
WIRD SEINEN WEG
IMMER ZU DIR
FINDEN.

VIELLEICHT
wird alles
VIELLEICHTER.

DU BRAUCHST NICHT
IMMER EINEN PLAN.
MANCHMAL BRAUCHST
DU NUR DIE AUGEN
ZU SCHLIESSEN, ZU ATMEN,
ZU VERTRAUEN UND
DANN ZU SCHAUEN,
WAS PASSIERT.

EINE BLUME MACHT SICH KEINE GEDANKEN, OB SIE MIT DER BLUME NEBEN SICH MITHALTEN KANN,

SIE BLÜHT EINFACH.

MAN BRAUCHT
am Anfang Mut,
UM AM ENDE
GLÜCKLICH
ZU SEIN.

UND ERFÜLLT SICH, MUSST ES NUR ERWARTEN KÖNNEN.

CHRISTIAN MORGENSTERN

TSCHÜß RAUPE,
HALLO
SCHMETTERLING!

Es heißt
Freundschaft, weil
man mit Freunden
alles schafft.

Wir
GEGEN
DEN REST
DER WELT.

KOPF HOCH,
SONST KANNST
DU DIE STERNE
NICHT SEHEN.

ALLES HAT SEINE ZEIT.
ES GIBT EINE ZEIT
DER FREUDE,
EINE ZEIT DER TRAUER,
EINE ZEIT DES LACHENS
UND EINE ZEIT
DER POWER.

GLAUBE AN DAS,
WAS NOCH
NICHT IST,
DAMIT ES
WERDEN
KANN.

AM ENDE
WIRD ALLES GUT.
UND WENN ES
NOCH NICHT GUT IST,

 IST ES NOCH
NICHT DAS
ENDE.

KURZ MAL
NICHT NACHGEDACHT –
ZACK, GLÜCKLICH.

Hab Vertrauen.
Eines Tages wirst du
da sein, wo du immer
hinwolltest.

Glück
IST DIE
SUMME
SCHÖNER
MOMENTE.

DEINE ERSTE PFLICHT IST ES, DICH SELBST GLÜCKLICH ZU MACHEN. BIST DU GLÜCKLICH,

SO MACHST DU AUCH ANDERE GLÜCKLICH.

LUDWIG FEUERBACH

WUNDERTÜTE.
Überraschungsgeschenk.
EINFACH DAS LEBEN.

Ein Mensch mit
sonnigem Gemüt
wirkt auf
Glücksfälle und
Erfolge unmittelbar
anziehend.

Ralph Waldo Trine

EINFACH MAL MACHEN.
KÖNNTE JA wundervoll WERDEN.

BLEIB NICHT DA, WO DU GEDULDET WIRST. GEH DAHIN, WO DU GELIEBT UND GEFEIERT WIRST.

Kopf: Das klappt nicht.
Bauch: Lassen wir lieber.
Herz (flüstert leise):
Ich weiß es,
alles wird
gut.

Du bist vielleicht
noch nicht am Ziel,
aber schon näher dran
als gestern.

WAS DICH NICHT GLÜCKLICH MACHT, KANN WEG.

ES IST VÖLLIG EGAL,
WIE LANGSAM
DU VORANKOMMST.
DU ÜBERHOLST IMMER
NOCH JEDEN, DER
GAR NICHTS TUT.

Ich kann nicht
lang bleiben,
flüstert
der Glücksmoment,
aber ich leg dir
eine Erinnerung
ins Herz.

LIEBEN IST LEBEN MIT I-TÜPFELCHEN.

Egal,
was passiert,
AM ENDE
WIRST DU
TANZEN.

Glück
findest du da, wo
Meerwasser
den Sand küsst.

DAS GLÜCK
HAT SEIN EIGENES
EINMALEINS.
ES KOMMT AM
LIEBSTEN DANN,
WENN WIR GAR NICHT
MIT IHM RECHNEN.
IRMGARD ERATH

ALLES
beginnt
MIT EINEM TRAUM.

Glück
KOMMT
IN
WELLEN.

WENN DER WEG SCHÖN IST, LASS UNS NICHT FRAGEN, WOHIN ER FÜHRT.

WENIGER
IST MEHR.*

*GILT NICHT FÜR
WOCHENENDE, LIEBE,
LACHEN, SCHLAF, SONNE
UND UMARMUNGEN

Alles
kann warten,
nur das Leben
nicht.

Wenn du loslässt, hast du beide Hände frei.

VERLASS DICH
AUF DEIN HERZ.
ES SCHLUG SCHON,
BEVOR DU DENKEN
KONNTEST.

DAMIT MAN
FREUDE HAT AM GLÜCK,
ZIEHT ES MANCHMAL
SICH ZURÜCK.

ERHARD HORST BELLERMANN

Akzeptiere, was ist.
Lass gehen, was war.
Und hab Vertrauen in das,
was kommt.

Glück ist,

WENN MAN
DAFÜR GELIEBT
WIRD, WIE
MAN EBEN IST.

MANCHMAL
FLÜSTERT
das Glück
GANZ LEISE:
Du bist dran.

Wir von GROH wollen die Welt ein bisschen verschönern – mit liebevollen Geschenken, die glücklich machen.

GROH.DE

@die_geschenkverlage

Aus Verantwortung für die Umwelt hat sich die Verlagsgruppe Droemer Knaur zu einer nachhaltigen Buchproduktion verpflichtet. Der bewusste Umgang mit unseren Ressourcen, der Schutz unseres Klimas und der Natur gehören zu unseren obersten Unternehmenszielen.

Gemeinsam mit unseren Partnern und Lieferanten setzen wir uns für eine klimaneutrale Buchproduktion ein, die den Erwerb von Klimazertifikaten zur Kompensation des CO_2-Ausstoßes einschließt.

Weitere Informationen finden Sie unter:
www.klimaneutralerverlag.de

Textnachweis: Wir danken allen Autor*innen bzw. deren Erb*innen, die uns freundlicherweise die Erlaubnis zum Abdruck von Texten erteilt haben.

Bildnachweis: Kleeblattmuster Cover und Innenteil: Antikva/Shutterstock.com; weitere Muster und Illustrationen Innenteil: Bukhavets Mikhail/Shutterstock.com; Julia August/Shutterstock.com; stellalevi/Getty Images; Helena2000/shutterstock.com; mejorana/Shutterstock.com; nld/Shutterstock.com; Na Ko/Shutterstock.com.

Layout: Barbara Fuchs

Satz: Petra Schmidt Grafik Design

Gesamtherstellung: Printfactory, Istanbul

Manchmal flüstert das Glück ganz leise: Du bist dran.
GTIN 978-3-8485-0084-0
© 2021 Groh Verlag. Ein Imprint der Verlagsgruppe Droemer Knaur GmbH & Co. KG, München
www.geschenkverlage.de